피아노는 무슨 말을 하려했을까

피아노는 무슨 말을 하려했을까

백도영 시집

다인아트

습작노트

낙엽의 인사는 서걱임이다. 이별을 앞둔 붉은 잎새들이 분주하다. 그때도 이때쯤이라 여겨진다. 밤이었다. 술은 아직 많이 남아있었다. 문틈으로 한 무더기의 소리가 쏟아져 들어왔다. 거리의 포장마차에서 보내는 취한 음성이었다.

어둠과 아프리카는 어느 것이 더 검을까. 무슨생각인가 맴돌았지만 맴도는 순간 사라져 버렸다. 사라진다는 것. 이 한 마디로 그 복잡다단하고 난해한 설명의 과정을 모두 용납할 수 있다니 얼마나 폼나는 단어인가.

새벽거리를 걸으며 오늘은 꼭 기차를 타리라 마음먹었지만 매번 타지 못했다. 그렇게 보낸 세월. 두 번째 기차를 타기까지 5년을 기다리게 될 줄은 몰랐었다. 말을 잃어버리긴 했지만 감사한 일이다.

2006년 11월 어느 날 새벽에 백도영

1 • 나 언젠가 비가 될 줄 알았지

3 • 서울을 떠날 때 돌아올 표가 매진이다

나 언젠가 비가 될 줄 알았지

1

비

수선스러운
혹은
부산한 심사를 모르겠다

창문너머
잎새에 걸린 빗줄기가 넘어진다
울증을 본 것 같다

아침이 속삭였다
보내버려
밤새워 동침한
새를 놓아 주었다

그렇게 보낼
이유는 없었다

절름발이로 날아 간 영혼
아침보다 길다

억새

비가
마음 밭에 내렸다.
잡초만 살판났는지
분주하다.

허름한 기억, 화려한 패러독스

나 언젠가
비가 될 줄 알았지
흔들리는 한숨
휘파람 소리
적실 줄 알았지

유랑의 세월이었지. 전망의 결여
날 걱정하듯 너희를 염려했었지

기다림

기다림은 전쟁이지.
낯익어 설은 거리에서
휘파람을 부를까

깊은 곳.
고막 안에서 들려오고 있었어
아낙이, 가지런히 놓인 신발이
육의 본능을 변명했지
어쩔 수 없어서.

아담아 아담아
너는 그때 어디에 있었느냐
벗은 몸이 부끄러워 숨어있었습니다.
다시는 사랑하지 말거라
천오백 잔의 술로 천오백 개의 잠으로
절망보다 긴 노끈을
분노를 용서하려

개명했다는 소식을
간밤에 들었는지

역설

버리며 버려가며,
버림받아 버리며 떠났어도
꿈을 꾸는 동안은 치열하지 않다.

변명

바람이 붑니다.
나만 위해 골몰하느라 당신을 잊었었습니다.
늘 그 자리에 있을 줄 알았던 우매함을 탓합니다.
당신이 보아왔듯 당신을 보고 있습니다.

나의 편안을 위해 당신을 보았고
당신은 나의 슬픔을 압니다.

안개

들었다.
당신은 기억이 아니라
아련한,

낙숫물이 속삭였다
그립니.

아니오.
붉어 서러운 동종이
울음을 터트렸다

듣지 못했다. 아무도
밤새 울더라는
낙화의 소문만

낙서

사랑했나요
깊이 가라앉은
진액을 보았나요

그대 달력 위에 쓰는
낙서가 보이나요

사랑

너희가 사랑을 아느냐
사랑한다고 말하지 마라
제 한 몸 다스리지 못하면서
타인의 영혼을 가지려 마라
아름다운 향기도 첫서리 내리기 전 지거늘
마른 가지도 사랑할 수 있겠니

영원이라고 말하지 마라
오고가는 것이 모두 다 준비인 것을
꽃처럼 아름다운 것이 사랑이라면
잎이 지는 날 함께 지겠지

사랑에 취해 웃고 떠드는 동안
이별의 시간이 찾아오는가
만남이 헤어짐의 약속이라면
애달파 어디 사랑을 하겠느냐

사랑은 만질 수 없어 허전하고

보이지 않아 애틋한 것
말하면 날아갈까 조바심으로
서성거리다 맞이하는
이별연습이 아니겠니.

그리움

바람인 줄 알았더니 꿈이었고
꿈인 줄 알았더니 실체였다
애틋한 단어로 서성이던 사랑은
눈 덮인 산사의 붉은 매화로 다가와
하얀 이 드러내며 활짝 웃었다

소리 없이 그렇게 다가 온 너는
만질 수 없는 이름으로
볼 수 없는 마음에 살며시 들어와
손짓하며 속삭였다

'사랑은 그리움으로 남는 거야'

하여 사랑은
그리움의 옷으로 드레스를 만들고
일곱 색깔의 불꽃이 되니
불꽃은
아픔이며 바람이며 천둥이었다

벽난로의 장작이 타닥거릴 때
자작나무 숲의 새들은 강위를 나르니
수줍은 시계는 커튼 뒤에 숨어 키득거렸다

해는 석양에 지고 잔치가 끝날 때
벽마다 묻어나는 그리움은
맑고 영롱한 수정의 모습으로
화인처럼 찍혔다

바람

맨발로 허둥대는 그대
바람을 사랑해서 아름답다.
아직, 옷깃도 여미지 못했는데,
스쳐갈 바람이라 안타깝다

사랑한다는 말 다하기 전
흩어질 이별을 생각하는가.
그대, 사랑 품어 아름답고
설레는 불안이 애처롭다

바람이 분다.
한 줄기 회오리로 지나가면
추억 하나 빈자리로 남으려나
바람을 사랑한 그대
바람이라 아름답다.

통증

내가 모르는 세월은 남의 세월이다. 사랑했거나, 사랑하지 않았거나, 끝을 보고 싸웠거나, 뙤약볕 등지고 울었거나. 기억만 아련하지 통증은 느껴지지 않는다.

소문

버드나무 속. 바람 소리
들었다.

풍문이었으면 좋았을 것을.
'안다' 라는 단어는 얼마나 오염되고
위축되는 것일까.

사랑했거나 사랑하지 않았거나
잠시 잊어버렸었거나.

평행선

청량리에서
경의선 기차를 탔다

철마는 가던 길만 달리고
나는
그 길 위에서 보았다
먼지 덮인 신작로 담배 가게를

종점.
그녀가 말했다
눈 덮인 산야만 보았다고.

꿈 1

오늘을 경유한 어제가 떠났지만 도착했다는 소식은 아직 없다. 기억의 여자가 남자가 되고 잠이 깨면 까맣게 잊어버린 수은등이 있는 자리에 다시 찾아드는 꿈을 꾼다. 박꽃 피는 동안.

꿈 2

의회가 인민을 염려하는 시간에만 나는 염려하지 않는다. 곰팡이 슬은 침대에 누워 날아다니는 나비를 본다.

꿈 3

오래 사랑하고, 하는 동안 상상했거나 생각하지 못했던 종말의 선언은 여자의 입에서 먼저 나왔다. 장난이었다, 장난이라니요. 처럼이라니요.

꿈 4

꿈
은

한숨으로 남는 것
그리운 것 애틋한 것
짐인 것

오매
불망
새벽이
풍문의 아침인 것

길에 잃어버리고
다시 꾸려하는 것,

꿈 5

그리움은
어디에나 남는다지요
얼결에 보낸 근황을
염려하는 당신은. 참
좋은 사람입니다.

엇갈림

그날
산수유 꽃잎 지던 날
그대 생각에 골몰하여
시드는 꽃잎에
이별의 말 한마디
미처 전하지 못했었네

아
봄은 정녕
시작의 엇갈림
핼쑥한 그대 미소
노란 잎으로 사라져

떨리는 입술 위
방울져 흐르는 눈물
지는 꽃잎에게 전해 주.

휘파람

그 길 위에 ....
....
,,,

휘파람 소리 ....
.... 높다.

2

오늘이 아래로 떨어졌다

젖무덤

인정머리 없는 엄니가
젖 한 번 만져보자는
손길 뿌리치고
허구한 날
공부나 잘하라 하시더니

책가방 메고
집에 오는 틈을 타서
서른일곱 살 나이에 돌아가셨다.

정 떼는 방법도 여러 가지라지만
끊지 못할 정 아시는 분이
둘째 아들 집에 올 시간에
옷고름 여미고 떠나시다니

설마 꿈이련가
얼굴비비며
스무 바퀴쯤 굴렀지만

빈자리 말고는 모든 게 정상이다

그렇게 한줌 흙으로 가실 것을
젖 한 번 만지게 해주셨다면
풀무덤 어루만지며 울지는 않았을 걸,

입동

자작나무를 보고 있다
불을 삼킨 벽돌의 혀가 붉다
몸 살라 태운 땀이 입동 무렵이다

공사 중 1

외투를 입고 그곳에 도착해서야
사람들은 모두
살이 비치는 옷을 입고 있다는 걸 알았지만

이미 알고 있었다 하더라도
내가 할 수 있는 일은

지금의 옷차림밖에
달리 방법이 없다는 것을 알고 있는 터였다

마음 같아서는 그들과 함께 어울려
가벼움의 풍요를 누리고 싶었지만

그것이 얼마나 나하고는 상관없는지를

누가 시간을 빌려준다 하더라도
다시 갈아입고 올 기력이 없을 뿐만 아니라

돌아가서 치수에 맞는 옷을 찾는다 해도
저번에 해를 삼키는 불이 났을 때
상표만 남기고 모두 타버려

입을 수 있는 처지가 아닌
시간 너머의 일이라.

그날

소주 잔 위로 쌓이는 눈과 때 없이 내리는 겨울비의 추억이 조만간 기회가 있다면 창녀를 사랑하기로 했다. 구석의 바퀴벌레를 보면서 혹시 이 남자가 내려가는 것은 아닐까. 너 나 좋아? 갈가리 찢긴 영혼쯤이야 바퀴벌레쯤이야.

개자식

편한 생각에
길들여진 나는 간사하기 그지없어
등 따습고 배부를 때만
사람답게 사는 법을 생각하지만
바위산에 오를 때면
언제나 개 같은 생각만 하고, 개답게 기는 개가
사람보다 낫다는 생각을 한다
절대로 기어 다니지 않고
허리 굽히지 않겠다고
코 평수 넓히고 킁킁거리지만
평지에서나 통용되는 알량한 몸짓이다

길 없는 길 오르다 보면
발보다 손이 더 편하고
급하면 네 발로 기는데
두 발로 걷는 게 무슨 자랑이라고
개처럼 기고 싶냐고 큰소리쳤는지.

아버지의 아들

아들이 아버지를 이해한다는 건 딸이 에미를 이해한다는 것만큼이나 모호할 거야. 언제나 딸들은 엄마의 젖꼭지까지 취하려 했거든. 딸의 이름으로. 아들도 마찬가지야. 반역을 도모하는 과정에 훼방만 놓지 않는다면 그깟 에비가 무슨 소용이야. 도구일 뿐이지. 화가 나면 말씀하셨지. [때여주길자식,] 그 눈동자, 그 입술, 그 이마, 그 흰 머리, 작은 체구. 분노에 일그러진 그 주름위에 겹쳐진 구형이라 넓었던 칼라, 왜 비행기는 몸속에 비행기를 실어야만 이륙할까. 때여가 무엇일까. 때여........ 때여....... 먼 길 돌아 훗날 알았어. 때여는 때려죽일 새끼였다는 것을, 아버지는 혀가 짧으셨던 거야.

술이 깰 무렵

구겨진 세상에 왔을 때
구겨진 인생을 보았어.
구겨진 것은 네가 아니라 나였다는 것을,
비닐에 담겨 도망못갈 잔해
열심히 토하고 난 뒤에 볼게 뭐람

등

몇 년을 함께한 친구가 죽었다
이 년은 떨어져 있었지만 나머지는 함께 보냈다 아침
마다 손을 잡았던 특별한 관계였다 손을 내밀면 환하
게 웃었다 담배를 피워도 술을 마셔도 노래를 불러도
미친 듯이 수음을 했을 때도 무엇에 좇긴 듯 일어나
절규를 했을 때도 웃기만 했다

벅찬 한숨을 아는 유일한 동지였다 세상을 믿지 못해
도 그는 믿었다 하느님도 모르는 비밀을 아는 동지였
기에 입술 위의 방울이 못내 미안해 낄낄거리던 웃음
의 의미를 그는 안다 서성대며 지르던 비명도
어느 날부터 웃어야 할 이유가 없어졌을 때 예전만 못
했다 웃지 않았다. 우린 우리의 표정만 지었을 뿐.
그는 이미 쇠잔했고 나 역시 그를 닮아간다

어제 마지막 신호를 보냈다
그때는 무슨 말인지 몰랐지만 지금은 알아듣는다.
생은 유한한 거야.

그런 그가 죽었다
이별을 슬퍼하며 담배를 피운다
말아 올린 연기로 동그라미를 그리기도 전에 손끝이
탄다
재로 스러질 불꽃이 아름답다

고개 들어 그를 본다
비밀을 안고 떠난 친구는 여전히 천정에 매달려있다
고립이 더 심화될 것 같다

닮은꼴

과정을 육화한다.
긴 숨 내쉬던 영혼
잔대가리의 과정이 언제는 아름다웠던가.
우스꽝스러운 광대가 나를 본다
닮은 인생, 과정이 난해하다.

다리 위

정지된 하늘
깊은 바다의 끝
전생으로 들어가는 문턱에
종의 소리가 걸렸다
앞서 간 자의
노래가.

잃어버린 원점

한 번도 가보지 않은
숲과 바다의 경계를 따라
목적은 있었던 것 같으나 왜 왔는지 모를
그곳에 도착해서야 오지 않아도 되었을
역할이 있었을 거라고 생각했다

바다로 난 숲에 모습을 드러낸
새를 향해 그물을 던지는 순간
새는 날았다는 것을 알았지만
당연히 그렇게 되어야 하는 설정을
혼자만 모르고 있었음을 감추려
웃어 보려했다

한때는 새가 깃들었을 섬에
짓다 중단한 둥지가 들이닥친
해풍에 유린당한 상흔사이에

아직 문을 단 흔적은 없었지만
단단한 언어로 한 장 한 장 쌓아올린
완성했으면 좋았을 빈집은
누군가 짓기 위해 열중했던 체온만 남아
오래 가두어 둘 전설의 절차만 밟고 있었다

증명은 증명하려할 때만 필요했던 것일까
썰물이 빠져나가며 할퀸 흔적이 하필이면
가슴높이였는지 못내 아쉬운 마음으로
돌아갈 원점을 잃어버렸음을 확인하고
하늘을 보지만 비어있다.
새가 가져갔나 보다

미완

그리도 힘들어하는 것은
있어야 할 자리에서 떨어져 나와
포도위로 뒹구는 목련이 슬퍼서가 아니다

자주 빛으로 한 잎 베어 물은
하얀 것은 그것대로 아름답고
하늘은 파랗고 햇살은 여전히 눈부시다

이삿짐

담겨있는 시간을
쓰레기봉투에 담으며,

허리 곧추세우고
커피를 홀짝이며. 담배를 피우며,

눈에 들어간 땀방울을 혀로 핥으며
기다리던 날들이 있었음을 보내며

막차를 기다리며

– 여덟시삼십일분열차

신도시 앞 버스 정류장
버스는 떠나고 막차는 아직 오지 않았다.
구인광고가 덕지덕지 붙은 자판기가 토해 낸 커피,
밤새 녹아있는 음성과 뒤섞여 흐르고 있다.

어제가 지난 아침에
지금 시작한 오늘이 가면
또 다른 오늘이 올 거라고 했다.

기억은 어제와 오늘 그리고
내일 사이에서
아침부터 막차를 기다리는 것처럼
건너뛸 수 있다면 좋은 것이라고.

버스는 떠나고 막차는 아직 오지 않았다.

이미 식은 커피를 홀짝거리지만
기억을 마시는 음성, 가리운 향기는

오늘이 어제하고 다른 오늘이라는 것을
조금은 더 생각하게 하고

이미 몸을 버린 하얀 종이컵을
움켜쥔 손등으로 시계를 보며
아침부터 막차를 기다리는 것은
건너뛸 수 있으면 피하고 싶은
가로막은 이야기를.

모래시계

오늘이 아래로 떨어졌다
시간은 무게에 눌려
가쁜 숨 몰아쉬고
반짝이는 입자는
쌓인 모래 위를 구르며
끝없는 선 상의 점이라고
악을 쓰지만
또 다른 점들에 묻혀 사라졌다

지금을 지금이라 말할 때
지금은 없다

가고 오건
흐르건 떨어지건
시간에 사이는 없다
시간은 기억 속의 허구
다가오는 것은 스쳐갈 과거며
모르는 시간일 뿐,

마취되지 못한 전율

남자는 늘 바다를 건너는 꿈을 꾸곤 했지.
여자는 늘 산에 오르길 바랐지.
바다와 산을 건너는 동안
열차는 여덟 시에 도착했어.
개찰구를 빠져 나가며 표를 보았지.
일곱 시 사십오 분 도착.
넋을 놓는 사이에 십오 분이 사라진 거야.
그런 꿈을 꾼 날이면 더욱 아쉽지.

하얀색은 아프다

잠결에 배앓이를 했다
눌려있던 분노가 기억의 창자를 가르고
살점을 도려 낸 모양이다

꿈틀거리는 살의 떨림에 놀라
실눈 뜨고 세상을 보니
질긴 삼 줄 같은 어둠이 엎치락뒤치락하며
새벽에 쫓기고 있었다

배를 가르고 심장을 도려내는 동안
보는 것도 넌덜머리가 난 어둠은
문풍지를 찢는 빛의 침입에 떠날 준비를 했다

빛은 언제나 바깥으로부터
해는 아직 느낌의 너머에서 자고 있을 때
창밖 백목련은 하얀 아이를 낳고 있었다

그날 풍성함이 만나로 내리던 숲은

허기진 아이의 배를 채웠지만
구겨 넣지 못한 여름은 배앓이로
풀물 든 살로 뒹굴었었다

아이가 어른이 되어
꽃잎으로 채우던 배 아직 남아
하얀 꽃잎이 터질 때면 배앓이를 한다
한바탕 꿈이 지나가면

민초

우린
우리의 이름으로
그것에 동화되는 반역의 이름으로
너무 많은 것을 잃어버리고 살면서

어느날 문득 억울하다고 지저대는
지저대는 순간
당위는 맷돌안의 구멍. 신음으로

잠에 목이 눌린 도시의 햇살
벗겨진 칠. 도로를 가로질러 걷는 사람들
모두 다 고만고만하게 고민하는
새새끼들이지

3

서울을 떠날 때 돌아올 표가 매진이다

물레방아

이틀을 돌아다녔어.
하루는 눈밭으로 하루는 물 밭에서 서성거렸어.
그곳엔 눈이 왔고 그곳엔 비가 내리고 있었어.

하루는 차를 타고 하루는 열차를 탔어.
아이였을 적에 그러했듯이 아이들이 구렁 속으로
눈을 뭉쳐 넣더군,
눈발에 발목이 잡힌 제설차가 서 있었어.
그 길 위로 고속열차가 달렸지, 빠르게 지나가는
풍경을 보았어.
하나가 구겨지면 덩달아 구겨지더군.

차창 위로 얼어붙은 진눈개비의 잔해를 보았어.
밤새운 신열이 시간을 생각했지. 새벽 세 시.
혹은 네 시.
가끔 생각을 해. 아침이 오지 않았으면 좋겠다고.

어릿광대

오를 차례다
확신이 불안하다
줄을 탈 줄은,

입술 아래
눈동자가 굴렀다

미친 짓이야

가득
추문을 불러 세웠다
태웠어야 했다

비명은. 왜
종말로 끌지 못하는지 잔해가

추하다

광대가 웃는 까닭을
모르겠다

차이

안다는 것과 이해한다는 것의 차이. 사랑과 성욕의 차이. 그리움과 외로움의 차이. 굶주림과 배고픔의 차이. 혼돈과 혼동의 차이. 버리는 것과 버려야 하는 것의 차이. 자폐와 순수의 차이. We와 Who 의 차이. 앞서 간 자, 돌아 올 수없는 거리만큼의 차이. 전율이 마취되지 않는 차이. 어긋났던 시간의 차이. 여백과 미완의 차이.

종결언 실종

장마가 장미를 삼켰다
그어 버릴까.

물은 마시기도 하지만 먹기도 있거든
할퀸 자국만 피곤하다

유리될 기억
서울역을 떠날 때
돌아올 표가 매진이다
아무려면 어때

시내버스를 타고 대륙을 지구를
스무 바퀴쯤 돌다 오더라도. 여전히
세상은

미친 남자 2

고민. 별것도 아닌
밝기를 기다려 한 번 웃었다. 민망해서
노타이에 혁대를 매고 23도로 주저앉은
거리로 나섰다
알파 7도다. 비가 오셨다

가끔
모로 걷는 혁명이
흙탕물을 튀겼다. 또
감자를 먹였다

머뭇거리던 시간이 웃었다. 별 미친놈 다보네.
그래요. 난 미쳤어

머뭇이 정색을 했다
미친 사람은 그렇게 말하지 않는다고 하면서

진단을 받았다. 갈망하던

잘 나가다 발병한 건지. 아닌지
글쎄다. 시간이 닮았다

육담

기차는 달리고 비는
차창 밖에서
바람을 따라 누웠다
숲이 나무가 강이 풍경이
외마디 갈증이

세워!
달려야 할 곳에서
멈추었다

전사한 잔해를 본 것 같다
무슨 소용인가
육담일 뿐이다

풍문

아이를
두고 나간 뒤로 소식이 없다
우리에서 처음 만난 무리들과 소주를 마시다가
'나는 죄 많은 년이야'

꺼이꺼이
울더라는 풍문은 들었지만
그것이 소식은 아니다.

와심

두시에자고세시에신문을만나고우유투입함은세시이십분에열린다는음성을듣고네시에일어나지직거리는채널을돌리다가하품을하다가깊은잠못이룬까닭을신문에서찾으며담배를피우다가연기한방울떨구다가닳은커피를끓이다가남다하는성상을축적하지못해반복하는사람여기있다고항변하다가밥먹고양치하고면도하고머리감고구두신고스물네시간열어볼이유가전혀없는지갑을한번만져보다가기차를타러갔다오십육분에떠난자리에오십구분에도착했다막차는아직오지않았다당신은어디에계십니까누워있던바람이가슴을치며일어설때웃은것같다

30도 혹은 23도

철이 든다는 건 좋은 일이다. 공부를 할 수 있다는 건 좋은 일이다. 웃통을 벗고 라면을 끓인다는 건 다행스런 일이다. 소주를 마신다. 말아 올린 가닥이 뚝뚝 끊어진다. 입장 곤란한 가닥, 왜 끊어져야 하지. 물음이 방울로 떨어진다. 끊어내지 못할 가락만 시간을 끈다. 동종은 한 참 뒤에 울었다.

몸짓

동이 트기를 기다려
배를 타고 나갔다. 바다로 갔다. 인어를 만났다
잡지는 못했다

돛.
그림자가 동 쪽으로 기울던
무렵, 혹은

갈증을 입안의 소주로 헹굴 때
잔을 채우는 방울 소리를
들은 것 같았다. 영롱한

잔인한 절규를 아십니까
선창 아래로 뛰어내렸다
갈라졌다. 물소리였다
꿈이었다

피아노를 가득 실은 포경선이 지나갔다

이삿짐이 밧줄에 묶여있었다

피아노는 무슨 말을 하려했을까
은빛 비늘, 파닥이는 몸짓
건반위로 구르던 파장,

부두는
묶인 세월의 길이로 잡아 맨 닻줄로
서성이는. 혹은

한 줌 무게도 없는 기억으로만
담아내고 싶어 했을
만선의 추억

인어는
옷을 입지 않는다

실종

택시를 탔다
메타기가 이천 원을 채우면
내리기로 했는데
욕망의 도시 가운데로
떨구어졌다

'저 사람은 이천 원짜리래'
사람들이 깔깔거리고 웃었다
누워있던 바람이 가슴을 치며 일어섰다

명멸하는 네온은
바라보면 나갔다.
비틀거리는 몸을 잡고
어둠이 속삭였다
우리 한숨을 마실까 .

술병에 절망이 반쯤 남았을 때
마감뉴스는

내가 실종됐다고 말을 했지만
사람들은 모두 떠난 뒤.

아무 것도 아닌 것이

역사는
구호에 묻힌 관념을 생각하지 않았다.
스며드는 동안. 그랬다.

백도영 시집

피아노는 무슨 말을 하려했을까

초판 1쇄 인쇄일 / 2006년 12월 22일
초판 1쇄 발행일 / 2006년 12월 27일

지은이 / 백도영
펴낸이 / 유봉희
펴낸곳 / 도서출판 다인아트
출판등록 1996년 3월 8일 제87호
인천광역시 남동구 구월3동 1096-19
032+431+0268 / 0269(fax)
e-mail : dainart@korea.com

인쇄 / 국제문화사
제본 / 효명제책

값 / 6,000원
ISBN 89-89014-59-X